Une série d'aventures quotidiennes
Par Moji Taiwo

Mémé et ses « Petits-Tout »

Les saisons et leurs festivals

Illustrations par Cristiana Tercero

Traduit par Emilienne Ngo Batoum

A mes précieux Petits: Ezra, Caxton, et Amos.
Le temps que je passe avec vous, mes garçons, me procure vitalité et bonheur immense.

Moji Taiwo
www.mojitaiwo.com

Là où nous vivons, Il existe quatre saisons et plusieurs festivals.
Ce sont : le printemps, l'été, l'automne, et l'hiver.

Dis-nous, toi, quelles sont les saisons chez vous?

Au printemps, il pleut et il fait soleil.
Les herbes et les arbres commencent alors à pousser, et les cultivateurs
commencent à semer les légumes que nous mangeons.

En fait, la pluie et le soleil font pousser leurs semences. Ils sèment aussi le maïs, dont une espèce qu'on appelle Taber corn, en anglais.

L'année dernière, nous avons pris part au Lilac Festival, ou, le défilé pour célébrer les lilas.

Le lilas est une fleur d'automne. L'année dernière, beaucoup de gens se sont joints au défilé pour s'amuser.

Pendant la parade, les enfants portaient des vêtements très colorés, tandis que les adultes portaient de larges chapeaux rigolos, décorés de fleurs artificiels.

Nous avions décoré nos vélos avec des rubans arc-en-ciel.

En été, les fleurs fleurissent, l'herk
et les semences des cultivat

Souvent, pendant l'été, nous all
Le plus grand de tous

verte, les arbres ont des feuilles,
poussent dans les champs.

plusieurs festivals avec Mémé.
Calgary Stampede.

C'est un festival où l'on voit des hommes et femmes monter des chevaux, ou, sur les wagons, ainsi qu'un défilé mené par une fanfare

Nous aimons ce festival car nous y rencontrons des gens venus du monde entier, portant des chapeaux de cowboys comme les nôtres.

Après la parade, nous allons sur le site du festival.

Et là, nous faisons les manèges,
mangeons des corndogs et de petits beignets.

Surpris? Mémé vient toujours avec nous,
et elle n'a même pas eu peur.

A la fin de la journée, nous sommes souvent très fatigués...
Pourtant, Mémé, pas du tout!

Dis-nous, à quel festival es-tu déjà allé?

Bientôt, les feuilles vont commencer à changer de couleur, et,
à tomber quelques semaines plus tard.
"Peut-être que c'est pour cela qu'on appelle cette saison automne,"
dit le plus vieux des Petits-tout.

Les cultivateurs récoltent des fruits et légumes pour vendre dans les marchés et les épiceries.

Nous les remercions beaucoup de produire la nourriture que nous mangeons.

C'est pendant ce temps que Mémé nous achète
le maïs « Taber corn ».

Parfois, elle le fait bouillir dans de l'eau,
ou alors, elle le braise au feu.

Le maïs Taber corn est sucré et délicieux.
Nous aimons le manger!

Comment aimez-vous manger votre maïs?

Et voici qu'arrive l'hiver! Pendant l'hiver, tout se recouvre d'un manteau blanc : la neige.

C'est la saison du ski, du skate et du snowboard.

"J'aime faire du snowboard et du skate sur glace," dit le plus jeune des Petits-tout.

"J'aimerais bien essayer le ski, un de ces jours..." dit le plus vieux des Petits-tout.

"Moi aussi," répond le benjamin

D'après Mémé, c'est bien d'essayer de nouvelles choses.

Mémé n'aime pas beaucoup l'hiver car il fait très froid.

Mais elle nous a quand même amené au Chinook Blast Festival, encore appelé, le festival de la magie de l'hiver...

Une fois sur place, nous avons vu des blocs de glace taillés sous forme d'animaux divers, avec des lumières.

"J'aime le château de glace!" s'émerveille le benjamin des Petits-tout.

Aussi, "nous aimons boire le chocolat chaud et griller des guimauves au feu," disent l'aîné et le plus jeune des Petits-tout.

Nous sommes souvent si contents d'aller aux festivals, car nous nous y amusons et rencontrons beaucoup de gens!

Peux-tu nous dire quel festival tu voudrais aller?